1896. Janvier 20

VENTE

des Lundi 20 et Mardi 21 Janvier 1896

HOTEL DROUOT, SALLE N° **11**

A DEUX HEURES

TABLEAUX

des Ecoles Française, Flamande, Hollandaise & Italienne

AQUARELLES, DESSINS, PASTELS, GRAVURES

OBJETS D'ART ET D'AMEUBLEMENT

BRONZES, MARBRES, PORCELAINES

CUIVRES DE PERSE

BIJOUX & ARGENTERIE

Objets de Vitrine

VERRERIE DE VENISE & DE BOHÊME

MEUBLES, TAPISSERIES, ÉTOFFES

Me G. DUCHESNE
Commissaire-Priseur
6, Rue de Hanovre, 6

M. A. BLOCHE
Expert près la Cour d'Appel
28, Rue de Châteaudun, 28

EXPOSITION PUBLIQUE

Le Dimanche 19 Janvier 1896, de 2 heures à 5 heures 1/2

IMPRIMERIE ARTISTIQUE

E. MÉNARD & Cie

Bureaux et Ateliers : Paris — 8, Rue Milton

CONDITIONS DE LA VENTE

La vente sera faite *expressément* au comptant.

Les acquéreurs payeront en sus des adjudications *cinq pour cent.*

L'exposition mettant le public à même de se rendre compte de l'état des objets, il ne sera admis aucune réclamation une fois l'adjudication prononcée.

Paris — Imp. E. Ménard & Cie, 8, rue Milton

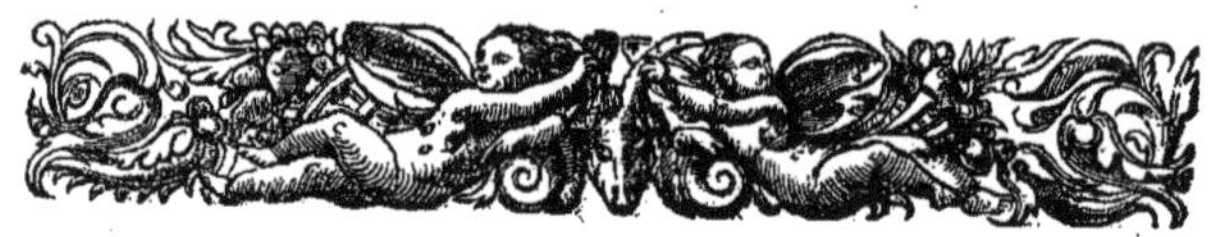

TABLEAUX

Aquarelles, Dessins, Gravures

APPIAN

1 — *Paysage avec rivière et canards.*

BASSAN (École des)

2 — *Les travaux de l'automne.*

BASSAN (École des)

3 — *Les travaux de l'hiver.*

BEAUDOIN (D'après)

4 — *Qui va là ?*

Gravure en couleur.

BERCHÈRE

5 — *Paysage : Environs du Caire.*

BOREL (D'après)

6 — *L'Indiscret.*

Gravure XVIIIe siècle.

BOUCHER (F.)

7 — *Deux têtes d'enfants.*

Études à la sanguine.
Joli dessin.

BOUCHER (D'après)

8 — *La Baigneuse surprise.*

Gravure.

BOUCHER (D'après)

9 — *Berger et bergère.*

Gravure.

BOURGOIN (D.)

10 — *Jeune garçon dans un poulailler.*

Aquarelle.

BOURGOIN (D.)

11 — *Laveuse au bord de l'eau.*

Aquarelle.

BOURGUIGNON (Courtois dit le)

12 — *Choc de cavaliers.*

Vigoureuse peinture.

BROUWERS

13 — *Intérieur hollandais.*

CAILLAUD

14 — *Vases d'orfèvrerie, objets d'art, tapis de table et tenture.*

CARRACHE (Annibal) Atrribué à

15 — *La sainte famille au repos.*

Gravé.
Cadre italien sculpté.

CAVELLI

16 — *Vue prise à Sorrente.*

Aquarelle.

COROT

17 — *Vue de carrière en Italie.*

Signé et daté 1869.

COROT

18 — *Les bûcheronnes.*

Beau paysage.
Signé à gauche.

COROT (Attribué à)

19 — *Paysage. Le Pont.*

Signé.

COROT (Genre de)

20 — *Paysage.*

21 — *Le Moulin de la Galette.*

COURBET

22 — *La Mare.*

COURBET (École de)

23 — *Paysage.*

COYPEL (École de)

24 — *Nymphes et Amour.*

CRÉMIEUX (A.)

25 — *Ferme en Normandie.*

DAUBIGNY

26 — *Falaises au bord de la mer.*
Étude.

DAUBIGNY (École de)

27 — *Bords de rivière.*

DELAHAYE

28 — *Portrait de jeune femme.*

DESMOULINS

29 — *Portrait de Th. Ribot d'après lui-même.*
Eau forte.

DETAILLE (D'après

30 — *Chasseur à cheval.*
Pièce en couleur.

DUPRAY

31 — *Soldat regardant un navire à marée basse.*

Dessin.

DUPRÉ (Jules)

32 — *Paysage. Sous bois.*

Étude.

DUVAL

33 — *La Galerie d'Apollon au Louvre.*

FICHEL

34 — *Les Fumeurs.*

Signé et daté 1887.

FORAIN

35 — *Fantaisie.*

Dessin.

FORGES (J.)

36 — *Pvysage italien.*

Aquarelle.

FRAGONARD (Attribué à)

37 — *Femme assise en robe blanche.*

FRAGONARD (D'après)

38 — *L'Armoire.*

39 — *Le Verrou.*

Deux gravures.

FRANCK

40 — *Le festin de Balthazar.*

GARAT (Francis)

41 — *Femme assise sur un banc.*

Dessin à la plume rehaussé d'aquarelle.

GARAT (Francis)

42 — *Sur le boulevard extérieur.*

Dessin à la plume rehaussé d'aquarelle.

GARRIDO

43 — *La Rieuse.*

44 — *La Rêveuse.*

Deux pendants.

GAVARNI

45 — *Le rentier.*

Dessin signé.

G. D. C. (1829)

46 — *Singe jouant avec des coquillages.*

GÉRICAULT (Attribué à)

47 — *Scène de bataille du Ier Empire.*

GILBERT (V.)

48 — *Défense d'un village. Épisode de la guerre franco-allemande.*

Signé.

GIRAUD (E.)

49 — *Jeune fille effeuillant une marguerite.*

GREUZE (D'après)

50 — *Tête de jeune fille.*

GROBON (J. V.)

51 — *Femme orientale.*

HAREUX

52 — *Paysage avec figures.* Effet de nuit.

HAWKINS

53 — *Paysage. Les blanchisseuses.*

Aquarelle.

HERDEY

54 — *Façade d'hôtel.*

Eau forte.

HUBERT ROBERT

55 — *Personnages dans des ruines.*

HUBERT ROBERT

56 — *Ruines.*

HUBERT ROBERT (Attribué à)

57 — *Campement près d'une Ruine.*

Dessin.

HUET

58 — *La Troupe ambulante des rues de Paris.*

Gravure en couleur.

HUET (D'après)

59 — *Bergère et ses moutons.*

Gravure.

ISABEY

60 — *Pêcheurs en mer.*

Esquisse.

KUWASSEG

61 — *Marine. Tempête.*

KUWASSEG

62 — *Marine. Retour des pêcheurs.*

KUWASSEG

63 — *Vue d'une ville au bord d'un lac (Suisse).*

LAMI (Eugène)

64 — *Le Bal masqué.*

Très belle esquisse, aquarelle.

LAMI (Eugène)

65 — *Projet de vestibule.*

Aquarelle.

LAUGÉE

66 — *Tête de jeune femme.*

Dessin rehaussé.

LEJEUNE

67 — *Personnage en costume Henri III.*

Aquarelle.

LEMAIRE (Madeleine)

68 — *Bouquet de fleurs.*

Aquarelle.

LRANGA (P.)

69 — *Course de taureaux.*

MAGNUS (CAMILLE)

70 — *Paysage.*

MEISSONIER (E.)

71 — *Portraits d'hommes.*

Trois études dans un même cadre.
Provient de la vente après décès du maître.

MERY

72 — *Fleurs.*

Aquarelle.

MURILLO (D'après)

73 — *Othello et Desdemone.*

NETSCHER (École de)

74 — *Portrait de dame.*

NOEL (H.)

75 — *Dans la forêt.*

76 — *Cheval à l'écurie.*

NORMANN (A.)

77 — *L'Elégante du Directoire.*

Signé.

NORMANN (A.)

78 — *Femme Ier Empire.*

Signé.

NORMANN (A.)

79 — *Femme Empire représentée en buste.*

Signé.

NORMANN (A.)

80 — *Nature morte.*

Signé.

MORMANN (A)

81 — *Tête de jeune femme.*

Pastel.

PANNINI (Ecole de)

82-83 — *Ruines de monuments antiques.*

Deux pendants.

PASCAL

84 — *Paysage d'Italie.*

Gouache.

PASCUTTI

85-86 — *Marc Antoine et Cléopâtre.*

Deux grandes et superbes aquarelles.

PETERS

87 — *Scène du théâtre de Shakspeare.*

Gravure anglaise.

PILLE (Henri)

88 — *L'auberge des entétés.* Scène sous Louis XV.

Joli dessin, signé.

POUSSIN (Ecole du)

89 — *Moïse présentant les tables de la Loi au peuple d'Israël.*

Peinture du temps.

PRUD'HON (Attribué à)

90 — *La Douleur et l'Espérance.*

Fusain.

RAFFET

91 — *Charge de cavalerie.*

Dessin.

RANC (D'après)

92 — *Philippe, Duc d'Orléans, à cheval.*

Gravure par H. Edelinck.

REMBRANDT (Ecole de)

93 — *Guerrier oriental.*

RUBENS (Ecole de)

94 — *La douleur.*

ROEDEL

95 — *Fantaisie.*

Dessin.

ROSSI

96 — *Fantaisie.*

Aquarelle.

ROUSSEAU (Genre de)

67 — *Bœufs au paturage.*

SAINTIN

98 — *Tête de jeune fille.*

Dessin aux trois crayons.

SÉGHERS (H)

99 — *Marine. Vue des falaises à Etretat.*

Aquarelle.

VALTON

100 — *Têtes de paysannes.*

Dessin.

VAN BEERS (D'après)

101 — *La Sirène.*

VAN DER VERWE

102 — *Voyageurs devant une auberge.*

VAN LOO (D'après)

103 — *Le concert du grand Sultan.*

Gravure.

VAN OSTADE

104 — *Tête de femme.*

Joli dessin à la sanguine.

WATTEAU (Attribué à)

105 — *Personnages assis dans un parc.*

VERHŒZEN (A)

106 — *Intérieur d'église.*

VILLERS (A. de)

107 — *Paysage avec figures de femmes, et de pêcheur.*

WILLETTE

108 — *Caricatures.*

Dessin.

WATTEAU (D'après)

109 — *L'amour au théâtre italien.*

Gravure.

WILL (J.-G.)

110 — *Louis XV le bien-aimé.*

Gravure.

ÉCOLE DU XVIIIe SIÈCLE

111 — *Dans les champs.*

Aquarelle.

ECOLE FLAMANDE

112 — *Joueurs dans un cabaret.*

ÉCOLE FRANÇAISE

113-114 *Portraits de femmes.*

Deux pendants.

ÉCOLE FRANÇAISE

115 — *Portrait de femme Louis XV.*

Pastel.

ÉCOLE FRANÇAISE

116 — *Vase de fleurs.*

117 — *Scène mythologique.*

118 — *Portrait de statue.*

119-120 — *Vues de lac et de forêt.*
Deux aquarelles.

121 — *L'hiver en Forêt*

ÉCOLE FRANÇAISE

122 — *La diseuse de bonne aventure.*

ÉCOLE FRANÇAISE

123 — *Nymphes près d'une fontaine.*

ÉCOLE FRANÇAISE

124-127 — *Quatre gravures encadrées.*

ÉCOLE FRANÇAISE

128 — *Portrait d'Henri IV.*
Gravure.

ÉCOLE HOLLANDAISE

129 — *Vue d'Anvers, animée de nombreux personnages.*

ÉCOLE HOLLANDAISE

130 — *Buveurs.*

131 — *Fruits.*

132 — *Paysage.*

133 — *Nature morte, fruits.*

ÉCOLE ITALIENNE

134 — *La fuite en Egypte.*

ÉCOLE ITALIENNE

135 — *Paysage montagneux avec figures.*

ÉCOLE ITALIENNE

136 — *Paysage avec cours d'eau et figures.*

ÉCOLE ITALIENNE

137-138 — *Têtes de vieillards.*

Deux pendants.

ÉCOLE ITALIENNE

139-140 — *Scènes mythologiques.*

Deux pendants.

ÉCOLE ITALIENNE

141 — *Le lac de Come.*

Paltel.

ÉCOLE MODERNE

142 — *Portrait de Dame, la tête couverte d'une coiffure à plumes.*

ÉCOLE MODERNE

143 — *Paysage avec chaumière.*

ÉCOLE MODERNE

144 — *Bords de Rivière.*

Aquarelle.

ÉCOLE MODERNE

145 — *Mousquetaire.*

146 — *Oiseaux dans la neige.*

Pastel.

147 — *Petits chats dans un panier.*

148 — *Paysage*.

Dessin à la plume.

ÉCOLE MODERNE

149 — *Groupe de danseuses*.

150 — Tableaux omis.

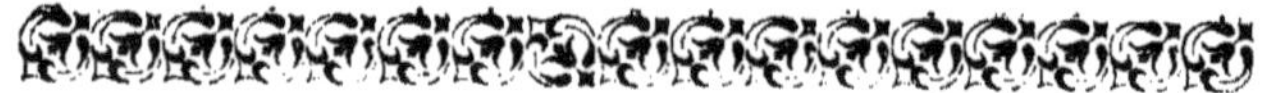

OBJETS D'ART

MARBRES, BRONZES, PORCELAINES

151 — Statuette en marbre blanc, par Hippolyte Moreau : «Chant d'allouette. »

152 — Buste en marbre blanc, par De Ranier : « Papillon »

153 — Buste en marbre : « fantaisie parisienne ».

154 — Médaillon bas relief en marbre : La Nuit.

155 — Groupe en marbre : Le Nid d'oiseaux.

156-160 — Magnifique service en ancienne porcelaine de Chine, décor à oiseaux, fleurs, rosaces en or, bleu, rose et vert, composé de un plat creux, un plat plat, une soupière, une saucière, trente trois assiettes plates et douze assiettes creuses (sera divisé).

161 — Plat en porcelaine du Japon, à décor bleu sur blanc.

162 — Cache pot jardinière en même porcelaine.

163 — Petit groupe de musiciens en porcelaine de Saxe.

164 — Une assiette en porcelaine de Chine, et une autre en porcelaine du Japon à décor polychrôme.

165 — Paire de candélabres à sept lumières en cuivre gravé.

166 — Paire d'applique en bronze poli à fond de glace style Louis XIV.

167 — Lampe en faïence du Japon.

168 — Lampe formée par un canard en bronze.

169 — Deux portières en soierie, brodée de chine.

170-171 — Deux tapis japonais brodés.

171 — Paire de potiches décor à chrysanthèmes.

173 — Lapin en bronze japonais.

174 — Cornet en faïence.

175 — Meuble japonais, orné d'incrustations.

176 — Deux koros flambés.

177 — Paire de vases de Kioto.

178 — Masque du Japon.

179 — Deux singes en bois sculpté et peint.

180 — Deux potiches Chine, rouge haricot.

181 — Potiche en terre de Bocaro.

182 — Jardinière de Kioto.

183 — Vase fond bleu décor à fleurs de pêcher.

184 — Brûle-parfums de Satzuma blanc.

185 — Poisson en porcelaine du Japon.

186 — Vase en bronze ancien.

187 — Vase en porcelaine de Chine, famille verte.

188 — Deux panneaux en bois laqué de Chine.

189 — Jolie lanterne chinoise ornée de pampilles.

190 — Triptyque argenté à ornements.

191 — Deux grandes lampes de mosquée en cuivre ajouré et gravé.

192 — Lanterne persane en cuivre ajouré.

193 — Vasque persane en cuivre ajouré.

194 — Lanterne ancienne de Perse en cuivre.

195 — Coupe sur pied, en cuivre de Perse.

196 — Jardinière en cuivre persan et gravé.

197 — VENISE. Grand verre à pied haut.

198 — VENISE. Grand verre à pied.

199 — VENISE. Verre à pied forme tulipe.

200 — Venise. Autre verre à pied.

201-205 — Venise. Douze vases pieds à spirale de divers modèles (seront divisés).

206 — Venise. Verre à pied forme fleur.

207 — Venise. Verre analogue.

208 — Venise. Verre à pied, calice à spirale.

209 — Venise. Coupe écrasée sur pied haut, décor verre bleu.

210 — Venise. Verre à pied, décor en filigrane blanc.

211-215 — Venise. Cinq verres à pied, variés (seront divisés).

216 — Bohême. Grand vase à pied, décor à écussons accolés et cœurs, taillés et gravés.

217 — Bohême. Calice, décor gravé à armoiries.

218 — Bohême. Quatre vases à pied, décor à pampres dorés.

219 — Bohême. Grand vase à pied gravé à figures de danseurs et fleurs.

220 — Bohême. Autre, gravé à jonques et ornements.

221 — Bohême. Autre vase gravé à médaillons d'oiseaux.

222 — Bohême. Deux verres à pieds à spirale en filigrane blanc, bords gravés à pampres.

223 — Bohême. Cinq verres taillés et gravés.

224 — Bohême. Verre à pied gravé à Phénix et inscription.

225 — Bohême. Trois verres à pied filigrane.

226 — Bohême. Deux verres à pied, décor gravé à médaillon et inscription.

OBJETS DE VITRINE

BIJOUX, ARGENTERIE

227 — Groupe en ivoire sculpté : Apollon et Daphné. Travail flamand ancien.

228 — Bouquet de fleurs en ivoire sculpté. Travail moderne.

229 — Porte-cartes en bois de Santal sculpté. Travail chinois.

230 — Jolie brosse à ongles, dessus en nacre gravée, monture en argent ciselé et doré.

Époque de la Restauration.

231 — Paire de boucles, petites miniatures représentant Louis XVIII et la duchesse d'Angoulême, monture en nacre, bas or et argent doré.

232 — Boite en vieux cloisonné de l'époque Louis XIV, forme fruit.

233 — Boîte à jeux, décor à personnages à rehauts d'or.

234 — Ridicule Directoire en cuir vert clouté d'acier.

235 — Brûle-parfum vieux Chine, forme chien de Foo.

236 — Potiche du Japon avec son couvercle, décor bleu.

237 — Bol vieux Japon, décor bleu.

238 — Assiette de Rouen, décor aux perroquets.

239 — Deux assiettes de Rouen, décor polychrome fleuri.

240 — Assiette vieux Saxe, décor à fleurs.

241 — Écuelle en étain, décor lobé.

242 — Écuelle en étain avec son couvercle, anses plates.

243 — Deux plats en étain.

244 — Aiguière vieux plaqué Directoire.

245 — Boîte en laque à facettes.

246 — Quatre tasses et leurs soucoupes Ier Empire (dépareillées).

247 — Vase porte-bouquets en Moustier.

248 — Brûle-parfum bronze japonais, forme cavalier.

249 — Deux bouteilles Chine, haricot rouge.

250 — Métier à tapisserie en vernis Martin. Époque Louis XVI.

251 — Encoignure laque. Époque Louis XV.

252 — Plat oblong de Rouen, décor bleu.

253 — Petite gouache ancienne. Paysage, ruines et figures.

254 – Étui à aiguilles, émail de Bétusie.

255 — Étui en nacre, monture or. Époque Louis XVI.

256 — Tête de pipe, buis sculpté, représentant Voltaire.

257 — Couteau en buis, monture or. Époque Louis XVI.

258 — Boîte de baptême en vernis Martin à personnage.

259 — Boîte à poudre, d'écaille posée d'or, ornée d'une gouache. Époque Louis XVI.

260 — Pelote ivoire cloutée d'acier. Époque Louis XVI.

261 — Flacon en émail. Style XVIe siècle.

262 — Boîte en écaille blonde.

263 — Carnet en chagrin vert du 1er Empire, monture acier.

264 — Petite statuette bronze représentant Louis-Philippe.

265 — Petite boîte en agate.

266 — Pelote en nacre et acier du Directoire.

267 — Petite tabatière en bois de camphrier ornée d'un émail. Époque Louis XVI.

268 — Éventail avec pastorale. Époque Louis XVI.

269 — Trois jolis petits flacons en verre de Bohême.

270 — Boucle en cuivre émaillé. Époque 1830.

271 — Collier en acier. Époque 1830.

272 — Deux petits flambeaux en cuivre.

273 — Paire de boucles d'oreilles, composée chacune d'une opale et de quatre brillants.

274 — Bague rubis et brillants.

275 — Broche forme trèfles en brillants, roses et rubis.

276 — Broche barette enrichie d'une grande émeraude et de brillants.

277 — Epingle perle et diamants.

278 — Broche forme rayon en brillants et rubis

279 — Broche ancienne, enrichie de cinq gros brillants et petits.

280 — Broche ancienne or et camée dur.

281 — Broche or ancienne, diamants et perles fines.

282 — Collier enrichi de boules en lapis, or et diamants.

283 — Montre en or émaillé bleu et perles fines.

284 — Epingle de cravate en or, une perle fine.

285 — Epingle de cravate en or, turquoise fine entourée de diamants.

286 — Pendant de cou normand en or et cailloux du Rhin.

287 — Broche cœur en or.

288 — Plateau argent repercé et doré avec anges et sphinx.

289 — Cadre de miniature en argent.

290 — Brule parfums en argent, pesanr 768 gram.

291 — Pendentif ancien orné de cailloux du Rhin.

292 — Paire de pendeloques anciennes en or et émeraudes fines.

293 — Etui contenant une paire de ciseaux et un poinçon, époque Louis XV.

294 — Bague marquise en or, ancienne, ornéed'un grisaille.

295 — Bague en or ancienne, enrichie d'un diamant losange entouré de rubis.

296 — Bague ancienne en or et camée dur.

297 — Bague ancienne, ornée de douze diamants.

298 — Médaillons en or enrichie de turquoises fines et de diamants.

299 — Peigne en écaille blonde avec motifs en perles fines et diamants.

300 Broche en or et diamants anciens.

301 — Médaillon en or, onyx avec entourage en diamants.

302 — Bague marquise en or, et crisolites.

303 — Croix ancienne ornée de crisolites.

304 — Croix ancienne et pierres vertes.

305 — Paire boutons pavés de turquoises fines.

306 — Trois broches en cailloux du Rhin.

307 — Paire pendeloques anciennes.

308 — Montre avec broche en argent.

309 — Demi parure en simili et argent doré.

310 — Face à main en écaille ornée d'argent doré.

311 — Bonbonnière en argent doré et écaille ornée d'une miniature.

312 — Service de table composé de douze grands couteaux, douze couteaux à dessert, service à salade, truelle à poisson manche à gigot, service à hors d'œuvre et service à découper, le tout avec manches en argent. Dans un écrin.

MEUBLES

313 — Belle armoire normande de chêne sculpté. Époque Louis XVI.

314 — Secrétaire Louis XVI en acajou.

315 — Meuble cabinet chinois en bois sculpté à jour, avec panneaux décorés de fleurs et feuillages en matières dures.

316 — Table de milieu en bois noir à filets de cuivre, ornée de bronzes dorés. Style Louis XIV.

317-318 — Deux lanternes chinoises en bois sculpté et doré.

319 — Bergère Louis XV, couverte en tapisserie au point et petit point à personnages fleurs et oiseaux.

320 — Cabinet chinois en bois laqué noir ouvrant à deux vantaux laqués rouge, orné d'écoinçures et d'appliques en cuivre gravé et ciselé.

321 — Coffre en bois laqué noir orné d'appliques en cuivre gravé. Travail chinois.

322 — Pannetière en bois sculpté, XVIIIe siècle.

323 — Écran en bois de fer feuille en soie brodée à volatiles.

324 — Deux chaises en noyer sculpté dossiers représentant les Saisons, avec coussins. XVIIe siècle.

325 — Table en noyer bordure en marqueterie, pieds tors.

TAPISSERIES, ÉTOFFES

326 — Devant d'autel en tapisserie au point et au petit point, décor à fleurs avec médaillon représentant un saint religieux en adoration devant l'enfant Jésus tenu par la Sainte Vierge. Époque Louis XIII.

327 — Beau devant d'autel en tapisserie de chenille, le fond en tapisserie au petit point lancée d'argent les chairs en tapisserie au point. Il représente l'agneau pascal sur un dais dont les draperies sont soutenues par deux anges de chaque côté du rinceaux et des fleurs. Époque de la Renaissance.

328-335 — Suite d'étoffes et de costumes japonais (seront divisés).

336-340 — Perruques et chaussures japonaises.

341 — Objets omis.

www.ingramcontent.com/pod-product-compliance
Ingram Content Group UK Ltd.
Pitfield, Milton Keynes, MK11 3LW, UK
UKHW020503180726
13839UKWH00004B/1864

9 782329 507507